VILLE DE BRUXELLES

LISTE

PAR ORDRE CHRONOLOGIQUE

DES

MAGISTRATS COMMUNAUX

DE BRUXELLES

DEPUIS

1794 JUSQU'EN 1883

mise en ordre, d'après les documents authentiques
et accompagnée d'une table alphabétique

PAR

Alphonse WAUTERS

ARCHIVISTE DE LA VILLE

BRUXELLES

IMPRIMERIE DE Vᵉ JULIEN BAERTSOEN, SUCCʳ DE BOLS-WITTOUCK

—

1884

AVANT-PROPOS

Des listes des magistrats communaux de Bruxelles ont été jadis publiées, mais elles n'étaient que partielles et ne comprenaient guère que les noms des membres du magistrat appartenant aux lignages patriciens. C'est dans l'*Histoire de la ville de Bruxelles*, par MM. Henne et Wauters, qu'une suite complète de ces magistrats fut publiée pour la première fois, comprenant les bourgmestres, les receveurs et les conseillers plébéiens ou faisant partie des métiers, aussi bien que les premiers bourgmestres, les échevins et les trésoriers. Elle occupe une très grande note allant de la page 509 à la page 561 du tome IIe de cet ouvrage.

Cette liste s'arrêtant à 1794, il a paru utile de la continuer jusqu'à ce jour. On s'est attaché à reproduire, pour les désignations patronymiques, les indications données par les documents officiels et c'est pourquoi il se rencontre, dans l'orthographe de quelques noms, des différences qui étonnent au premier abord. Les arrêtés de nomination ont été reproduits aussi complètement que possible et plus d'un comprend, non seulement des magistrats communaux, mais aussi des fonctionnaires nommés en même temps que les premiers, quelquefois parce que les circonstances paraissaient exiger le remplacement des anciens titulaires.

On pourra suivre, dans ce volume, les modifications successives que l'Administration communale a subies chez nous depuis un siècle. On y retrouvera les organisations essayées par la République française après la conquête du pays en 1794, puis celles auxquelles l'Empire napoléonien et ensuite le royaume des Pays-Bas donnèrent la préférence. En dernier lieu se présente le régime institué par notre loi communale, régime qui existe depuis environ un demi-siècle et auquel il n'a pas été apporté de changement notable. Il a paru inutile de s'étendre ici sur ces modifications, parce qu'en général, elles n'ont rien eu de spécial pour Bruxelles; elles ont été appliquées presque toujours à toutes les localités du pays, placées sur un même pied, investies des mêmes droits, depuis la suppression de l'ancien régime.

On n'a pas accompagné les noms de personnes de la qualification habituelle de Monsieur, exigée par les lois de la politesse, parce qu'il aurait fallu l'ajouter aussi à la mention des personnes décédées. En agissant autrement, on se serait trouvé devant une difficulté très difficile à résoudre.

Lorsque le nom d'un personnage se présente pour la première fois, on l'accompagne, autant que possible, des prénoms portés par la même personne. Si celle-ci figure simplement sous son nom de famille, c'est une preuve (telle est la règle à peu près constante) qu'il a déjà été question d'elle.

LISTE
DES
MAGISTRATS COMMUNAUX
DE BRUXELLES
DE 1794 A 1883

1794.

Magistrats de Bruxelles nommés par arrêté des représentants du peuple près les armées françaises du Nord et de Sambre-et-Meuse, le 24 fructidor an II.

Amman : **De Swert,** avocat ;

Lieutenant amman : **Greindl** (L.-A.), avocat ;

Bourgmestre : **Vanderstegen de Putte ;**

Echevins : **Torfs,**
Verlooy (J.-B.-C.),
De Libotton, avocats ;
Van Grave (Maximilien-François),
Van Langendonck (Charles-Jean-Joseph),
Pollaert (Philippe-Antoine-Joseph), anciens échevins ;
Lambrechts,
Barthélemi, avocats ;
Puttemans, négociant ;
Wyns, avocat ;
Caels (Théodoric-Pierre), médecin ;
Plowits, négociant ;

Bourgmestre des nations : **Anneet**, avocat;
Conseillers : **Fourmeaux** (J.), négociant;
Colinet, maître charpentier;
Nicole;
Torné, maître cordonnier;
Vanderborght (Guillaume),
Keul, négociants.

Le *trésorier* **Beughem** (Ferdinand-Joseph-Hyacinthe) et les *receveurs* **Van Roy** (Henri) et **Ducaerts** (Jean) restent en fonctions; **Van Haelewyck** remplace comme trésorier le citoyen **De Man** (Charles-Ghislain). Aucun de ces magistrats n'est compris dans l'arrêté cité plus haut.

Le même arrêté nomme *Pensionnaires* les citoyens **d'Outrepont** (appelé à remplir les fonctions d'adjoint au secrétariat général, en brumaire an III) et **De Cock** (qui fut nommé chef de bureau à l'administration supérieure Belgique, par lettre du 7 nivôse an III);

Surintendant du canal : le sculpteur **Janssens**;
Receveur du canal : **Annemans** aîné, batelier;
Greffier du canal : le citoyen **De Hulstere**;
Greffiers de la ville :
Torfs,
De Mendivil et
Van Langendonck.

An III (1794-1795).

Magistrats nommés, de même, le 18 nivôse an III.

Amman et lieutenant amman : les mêmes;

Bourgmestre : **Verlooy**, avocat;

Echevins : **Torfs**,
Le Hardy, avocats;
Deschamps, négociant;
Narré,
De Zadelere,
Van Halewyck, avocats;
Puttemans, négociant;
Wyns, avocat; à raison de ses fonctions de chef de bureau à l'administration supérieure Belgique, le citoyen **Wyns** est remplacé, le 23 nivôse, par **Parys**, maître maçon;
Spinnal; à cause de son absence presque continuelle, on lui substitue, le 23 nivôse, **Dumoulin**, cartier;
Pierret;
Raes, marchand de couleurs; ce dernier est adjoint aux précédents le 23 nivôse;

Trésoriers : **Keul**,
Viennet;

Receveurs : **Mosselman** (François-D.), négociant; remplacé, à cause de son absence, par son frère **C.-F. Mosselman**, à qui les Représentants substituent, le 26 pluviôse, l'avocat **Reniers**, membre du comité de surveillance;
Couteaux (J.-J.), vinaigrier;

Bourgmestre des nations : **Putt**, menuisier;

Conseillers : Les mêmes, sauf le citoyen **Kockaert**, négociant, qui remplace **Keul**, devenu trésorier;

Pensionnaire : **De Cock**;

Secrétaires-greffiers :

Lion,
Van Langendonck,
De Roovere,
Torfs,
De Mendivil et
De Koninck, notaire.

Magistrats nommés, de même, le 1er floréal an III (20 avril 1795).

Agent national et *substitut de l'agent :* L'amman et le lieutenant-amman en fonctions;

Maire : **Verlooy**, ex-bourgmestre;

Officiers municipaux :

Mosselman (Étienne), ancien échevin;
Janssens, ex-intendant du canal;
Keul, donne sa démission le 28 thermidor an III;
Annemans (Pierre), ex-receveur du canal;
Fourmeaux,
Colinet,
Le Hardy,
Narrez,
Kockaert,
Couteaux,
Reniers,
Viennet,
Pierret, membres de l'une des deux précédentes administrations;

Overman (H.-J.), négociant; donne sa démission, est remplacé par l'avocat **Van Halewyck** (arrêté des représentants du peuple, du 22 prairial);
Michiels aîné,
D'Aubremez (Antoine), négociants;
Moerinckx, avocat;

Notables constituant, avec le maire et les officiers municipaux, le conseil général de la commune :

Van der Stegen de Putte, ancien bourgmestre;
Plowits, banquier;
Libotton, avocat;
Caels, médecin;
De Hulster, ex-greffier du canal;
Nicolle,
Van Halewyck,
Raes, membres de la précédente administration;
Goffin (A.-J.);
Seghers (Dominique);
Van Langendonck, de Louvain, avocat;
Everaers, médecin;
Lindemans aîné, notaire;
Stiellemans (Ferdinand), maître tanneur;
Cuvelier, marchand épicier;
Chapel (Jean-Baptiste), négociant;
Sironval, banquier;
Annemans (Michel), doyen des bateliers;
Pitet (P.), maître chaudronnier;
Campiau, marchand mercier;
De Bie (C.-J.), négociant;
Smits (Guillaume), doyen des bateliers;
De Winckeleer (P.), marchand de semences;
Tintilaire, maître perruquier;
Milcamp, maître maçon;

Foubert, marchand de tabac ;
Peters, médecin ;
Vandersteen, horloger ;
Dindal, chirurgien ;
Dupré (J.-Joseph) ;
De La Fontaine (A.-J.), négociant ;
Van Elewyck, marchand de bois ;
Incolle, avocat ;
Van Mons, apothicaire ;
Brion, archiviste de l'administration centrale, et
Van Cutsem, médecin.

Le 8 floréal an III, le Conseil de la commune nomma trésorier **Van Hallewyck** (L.-H.), qui donna sa démission le 25 fructidor suivant et fut remplacé provisoirement, le lendemain, par le citoyen **Adan**.

Le 26 fructidor an III, **De Hulster** (Rombaud-Donat) est nommé trésorier.

An IV (1795-1796).

Officiers municipaux nommés, de même, par arrêté du 18 frimaire au IV (9 décembre 1795).

Annemans (P.),
D'Aubremé (Antoine), ex-membres de la municipalité;
Van Langendonck, ex-greffier de la ville;
Villegas;
Van Gaver (L.);
Cogels, médecin;
Camusel;
Stillemans (Ferdinand), ex-membre du Conseil général, et
Colinet, ex-membre de la municipalité.

Les huit derniers ayant refusé (Colinet, pour cause de santé), un arrêté des Représentants en date du 25 frimaire leur substitua :

Fourmaux, ancien municipal, qui devint président de la municipalité;
De La Fontaine, ancien membre du Conseil général;
Hayez, homme de loi, démissionnaire; le 27 frimaire, ses collègues nomment, pour le remplacer : **De Coëlho** (J.-J.);
Delfosse (J.-J.), fabricant;
Cuvelier, ancien membre du Conseil général, qui fut invité à s'abstenir de se rendre aux séances, le 7 pluviôse an V;

Leroux;
Olbrechts (P.-Joseph) et
Hermans (J.), fabricant.

En l'an IV était *commissaire du Gouvernement* près de l'administration municipale : **De Mazure,** de Lille, qui fut révoqué le 10 ventôse.

Ans V et VI (1796-1797).

Élus de l'an V.

Arconati (auparavant marquis d'Arconati-Visconti), président;
D'Ysembart,
Cosyns (Joseph),
Bourgeois,
De Vos (Louis),
Van Huffel,
De Valériola père (S.),
Verhocht (A.),
Dillen (J.-J.),
Pollart de Canivris.

Installés le 15 floréal an V (4 mai 1797), ces magistrats furent destitués le 3 vendémiaire an VI (24 septembre 1797), pour cause d'incivisme; le directoire exécutif les remplaça par :

Annemans, qui devint président;
De La Fontaine,
De Coëlho,
Olbrechts (Pierre-Joseph),
Leroux, anciens officiers municipaux;
Odat (Alexandre), négociant;
Anneet, ex-officier municipal;
Coquereau, ex-membre de la commission des hospices civils, et
Van Cutsem, officier de santé.

Ces trois derniers et **De La Fontaine** n'ayant pas accepté, l'administration municipale choisit successivement pour se compléter :

Le 22 vendémiaire an VI : **Hendrickx** (Antoine), marchand, et :

Le 25 du même mois :

Vander Elst aîné, fabricant, et
Corbeau, négociant, qui n'acceptent pas;
Hennequin, rentier, qui donne sa démission le 6 prairial;
Maes (Pierre), qui n'accepte pas?
Vandermaeren, homme de loi, que l'administration départementale fut invitée à suspendre de ces fonctions, pour inconduite, le 11 pluviôse.

Odat et **Leroux** s'étant, à leur tour, retirés, le premier, le 15 frimaire, le second, le 8 nivôse, leurs collègues firent choix :

Le 18 pluviôse an VI, de **Trouet**, rentier, qui refuse;
Le 24 floréal, de **Gheude** (Jean-Dominique-Joseph);
Le 11 thermidor, de :

Van Outsem (Philippe),
Fourmaux (Joseph),
Sterckx (Jean-François) et
Keul (Jean-Matthias).

A l'époque de la nomination de ces derniers, la municipalité se composait des citoyens **Olbrechts**, président; **De Sadeleere** (Charles), **Gheude**, **Hayez** (Frédéric) et **Hendrickx**. Nous n'avons pas trouvé l'époque de la nomination du deuxième et du quatrième de ces magistrats.

1798-1799.

Élections de l'an VII.

Les élections de cette année furent marquées par une agitation peu ordinaire ; une assemblée scissionnaire se forma au Temple de la loi et ce furent ses candidats dont l'élection fut validée par le Corps législatif, le 21 ventôse. Ces candidats étaient :

Jorez (J.-J.), orfèvre ;
Cotte (Aubin), juge au tribunal de commerce ; tous deux donnèrent leur démission le 4 germinal an VII ;
Steenkist (J.-B.-E.), donne sa démission le 28 prairial an VII ;
Engels (J.-B.), donne sa démission le 14 prairial an VII ;
Sroyen.

Pour les remplacer, les assemblées primaires choisirent (en floréal an VII) :

Gheude (D.-J.) ;
Weverbergh (Josse) ;
Van Langendonck, homme de loi ;
Baert (P.-J.), négociant.

Pendant la période orageuse de l'an V à l'an VIII, furent *Commissaires du Gouvernement :*

Rouppe (Nicolas-Jean) [messidor an VI] ;
Foubert [frimaire an VIII], nommé législateur.

Secrétaires : **Torfs** (Jean-Corneille) et **Chateigner** (Jacques). L'administration départementale ne voulant laisser subsister qu'une place de secrétaire, **Chateigner** offre sa démission (3 vendémiaire an V); il est destitué, en thermidor an VI); **Torfs** et lui furent nommés de nouveau (messidor an VI), puis **Chateigner** fut remplacé par **Barafin**, lorsqu'il fut nommé percepteur des contributions de l'an VII.

Trésorier : **Annemans** (P.), qui, ayant été nommé administrateur du département de la Dyle (vers floréal an VI), fut remplacé par **Olbrechts** (P.-J.).

De l'an VIII (1799-1800) à 1808.

I.

MAIRIE.

Un arrêté du premier consul, du 6 février an VIII, nomma :

A. *Maire*. Le citoyen **Arconati**, ancien président de l'administration municipale; il donne sa démission, est remplacé par **Rouppe**, ancien agent du pouvoir exécutif, conseiller de préfecture (arrêté du 29 thermidor an VIII). Ce dernier est remplacé par **Van Langenhoven**, qui est installé le 25 messidor an X; puis remet sa démission, le 3 germinal an XIII. Un arrêté, daté de Milan le 17 prairial an XIII, lui donne pour successeur **Mérode-Westerloo** (Guillaume-Charles-Ghislain);

B. *Adjoints :* Les citoyens **Sroyen**,
Pollard (ou **Pollaert**), anciens officiers municipaux;
Fourmaux, ex-président de la municipalité;
Annemans, ex-administrateur du département.

Les deux premiers furent ensuite remplacés par les citoyens **Cosyns** et **Delcourt**, qui n'acceptèrent pas; le troisième fut appelé au conseil de préfecture, et le quatrième donna sa démission. Aucun adjoint n'étant plus en fonctions, le premier consul en nomma quatre nouveaux le 4 frimaire an IX :

Vandevelde (Léonard), banquier; donne sa démission, est remplacé, le 16 floréal an XI, par **Sauvage** (Hubert-Joseph);

Devos (Louis), ancien officier municipal, propriétaire;

Rittweger-Sauvage, négociant; devenu membre du tribunal de commerce, il s'excuse de ne pouvoir continuer ses fonctions (30 germinal an X); est remplacé, le 13 prairial suivant, par **Del Marmol-Blaerthem**; ce dernier, appelé aux fonctions d'écuyer du roi de Hollande, se retire (20 janvier 1807); il a pour successeur **de Burbure-de Wesembeke** (Guillaume-François-Emmanuel), membre du conseil municipal (1er juin 1807);

Lecocq (Lambert-Joseph), négociant; meurt, est remplacé par **De Spittael** ou **Spittaels** (Maximilien-Wenceslas-Joseph-Emmanuel), vers le mois de germinal an X; ce dernier ayant donné sa démission, ce fut un membre du conseil municipal, **Bosquet** (Louis-Constantin), qui lui succéda (19 avril 1806).

Le 22 prairial an X, on nomma un cinquième adjoint : **De Neck** (Henri-Joseph).

II.

CONSEIL MUNICIPAL

nommé par arrêté du préfet du 9 floréal an VIII.

Beughem-Capel père (ou **de Beughem de Cappelle**);

Brion (P.-J.), archiviste;

Burbur-Wesembeeck (ou **de Burbure de Wesembeke**);

Caels (F.-P.), médecin ;
Catus (Charles), n'accepte pas ;
Claude père (Louis), marchand de bas ;
Dindal (N.), chirurgien ;
Doetinghem (de), ancien échevin, n'accepte pas ;
Dupré, notaire ;
Ursel (d') ;
Engels, directeur du mont-de-piété ;
Godin, ex-membre du conseil des Anciens, n'accepte pas ;
Lannoy (C. de) ;
Lacerna (De La Serna), bibliothécaire de l'école centrale ;
Lengrand (H.), médecin ; donne sa démission le 17 germinal an XII ;
Lochez ou **Lochée** (J.), marchand de bois ;
Plovits (M.-J.), banquier ;
Poederlé aîné ;
Mathieu (Charles), épicier, n'accepte pas ;
Overman (Henri-Jacques), négociant, membre de la Commission des hospices ;
Stuyck, ancien notaire ;
Valériola, ancien bourgmestre et officier municipal ;
Van Assche aîné (Jean-François), brasseur, *à l'Eléphant ;*
Van Boukhout, ex-chef de bureau à l'administration centrale, n'accepte pas ;
Van Cutsem, ex-officier municipal ;
Vanderborght (Guillaume), négociant ;
Vanderfosse ;
Van Merstraeten (P.-F.), membre du comité de bienfaisance ;
Vauthier (Antoine-Victor), ex-secrétaire général de l'administration centrale ;
Willems, jurisconsulte.

Membres nommés postérieurement à cette première organisation :

Bosschaert (G.-J.-J.),
Cornet de Grez fils,
Idiers (J.), et
Van Langhenhoven, nommés, au mois de pluviôse an IX, en remplacement des membres n'ayant pas accepté ;
Wyns, professeur de législation à l'école centrale, et
Snellinx (François de), nommés, le 16 germinal an IX, en remplacement de **d'Arconati** et **De La Serna**, nommés membres du Conseil général du département ;
D'Otrenge (Théodore) ;
Beughem fils (de), et
Vandenabeelen (P.), désignés, le 4 floréal an IX, pour remplacer **de Beughem** père, **Willems** et **Vanderfosse**, devenus membres du Conseil du département. **Vandenabeelen** donna sa démission le 27 floréal an XII ;
Arberg (Charles d'), nommé, le 6 germinal an X, en remplacement de **Van Cutsem**, qui, étant médecin d'un hospice, avait donné sa démission ; **d'Arberg** renonce à ses nouvelles fonctions, en l'an XII ;
Meeus (François-Joseph), négociant, et
De Reuss (Hyacinthe), fabricant de dentelles, nommés, le 9 germinal an X, pour succéder à **Van Assche**, démissionnaire ;
Germain (Charles), nommé, le 18 germinal an X, en remplacement de **d'Ursel**, démissionnaire ;
Romberg fils et
Anéthan (d'), nommés vers le 26 messidor an X ;

De Biefve père (G.-J.), marchand, nommé, vers le 5 fructidor an X, pour succéder à **de Beughem** fils, qui n'avait jamais paru au Conseil;

Poederlé (Joseph de), nommé, le 11 pluviôse an XI, en remplacement de son frère, démissionnaire;

Simon (Pierre), nommé, le 7 ventôse an XI, pour remplacer **de Valériola**, qui venait d'être nommé receveur de la ville; il n'accepte pas. On le remplace par **Du Paquier**, fabricant de toiles de coton (lettre du 14 ventôse), qui refuse également et à qui le préfet substitue **Adan**;

Le Comartin (A.-J.), notaire, nommé, le 7 ventôse an XI, en remplacement de **Dupré**;

De Loen (Frédéric), nommé, le 7 ventôse an XI, en remplacement de **d'Anethan**; meurt vers le 13 octobre 1807;

Gérard (George-Joseph) et

Quarré (Florimond de), nommés, le 11 pluviôse an XI, en remplacement de **Cornet de Grez** et **Wyns**;

Sauvage, négociant, nommé en remplacement de **Plasschaert**; appelé à d'autres fonctions, il eut pour successeur, le 10 ventôse an XI, **Lambilot** (H.-J.), ancien magistrat;

Overman, ayant donné sa démission de membre de la commission des hospices, rentre de droit au Conseil (lettre du 3 pluviôse an XI).

Un tirage au sort, effectué en séance du Conseil général du département de la Dyle, le 3 vendémiaire an XI, ayant désigné, comme devant cesser de faire partie du Conseil municipal, **Brion, Caels, de Lannoy, Lochez, Plovits, Vau-**

thier, **Bosschaert, Idiers, de Snellinox, Meeus, de Poederlé, Wyns, Dupré, d'Anethan** et **De Biefve**, un décret impérial, daté de Fontainebleau, le 5 brumaire an XIII, nomma pour les remplacer :

Trazegnies (Philippe de);
Visscher de Celles (Antoine-Ghislain-Fiacre de);
Danoot (Nicolas), banquier;
Schaveye père (Pierre), fabricant;
Huys de Thy (Philippe-Clériade-Joseph);
Desferrières (Emmanuel), membre du Conseil général de l'administration des hospices;
Hérissem (Charles de);
Passy (Louis-François), receveur général du département;
Beeckman-Schoor (François-Charles-Joseph);
Robyns père (Martin-François);
Lannoy (Charles-Joseph de), membre du Conseil;
Arconati (Paul d'), membre du Conseil général du département;
De Man (Charles-Joseph-Ghislain);
De Knyff (Pierre-Charles-Joseph, chevalier de) et
Tons (François-Jean); ce dernier mourut le 8 septembre 1807.

De Beeckman, Danoot, Schaveye, de Trazegnies, de Hérissem, Robyns et **De Man** n'ayant pas accepté; **d'Arconati** ayant opté pour les fonctions de membre du Conseil du département; **de Lannoy** et **de Visscher** ayant été nommés : le premier, sénateur; le second, auditeur au Conseil d'Etat (sa démission est datée du 20 février 1806); **De Loen** étant mort et **Romberg** ayant été déclaré en faillite, le Conseil fut complété de la manière suivante, par un décret en date du 10 novembre 1807 :

Baesen (Gabriel-François-Joseph) ;
Barthélemy (Antoine-Joseph), avocat ;
Peuthy d'Huldenberg ;
Caels, médecin ;
Caroly (Jean-Baptiste), pharmacien ;
Annecroix (Philippe-Joseph-Huysman d') ;
Chasteler (de) ;
Engler (Jacques), négociant et manufacturier ;
Mosselman (Arnoul-Louis), ancien greffier au Conseil de Brabant ;
Robyns père (Louis-Joseph) ;
Thysebaert (Auguste-Joseph de) et
Vandenesse (Guillaume).

De Peuthy, **Caroly**, **Robyns** père et **Vandenesse** n'acceptèrent pas.

De 1808 à 1814.

I.

MAIRIE.

En vertu d'un arrêté des consuls du 14 nivôse an XI, les maires et adjoints des villes ayant plus de 5,000 âmes ne devaient cesser leurs fonctions qu'en l'an XV (1806-1807); leurs successeurs auraient conservé leurs fonctions pendant cinq ans et ainsi de suite. Plus tard, un décret daté du 15 avril 1806 déclara que le renouvellement des faisant fonction de maire et d'adjoints aurait lieu en 1808. En conséquence, un décret du 18 mars de cette année nomma :

A. *Maire.* **Mérode de Westerloo**; nommé sénateur, il est remplacé par **Ursel** (d'), maire de la commune d'Ursel (décret daté du camp impérial de Schoenbrunn, le 5 août 1809).

B. *Adjoints.* Les adjoints en fonctions :

De Burbure de Wesenbeke,
De Neck,
Bosquet,
Sauvage et
Devos.

De Burbure et **Sauvage** ayant donné leur démission, ce dernier le 20 octobre 1810, et **de Roose** (Charles), nommé le 23 avril 1812, en remplacement de **Bosquet,** devenu greffier du tribunal des douanes à Utrecht, n'ayant pas accepté, l'empereur les remplaça par :

De le Vieilleuze (Pierre-Joseph),
Thysebaert (Auguste-Joseph, ex-baron) et
De Waha (Jacques)

(Décret daté de Wilna, le 2 juillet 1812).

Le *maire* et les *adjoints* de Bruxelles furent continués dans leurs fonctions par un décret donné aux Tuileries le 25 mars 1813.

II.

CONSEIL MUNICIPAL.

En 1808, le Conseil se composait de :

Engels, qui mourut le 30 janvier 1809 ;
Vanderborght ;
Van Merstraeten, qui mourut le 14 octobre 1810 ;
D'Otrenge ;
De Reuss ;
Germain ;
Adan, qui mourut le 9 octobre 1808 ;
Gérard ;
de Quarré ;
Lambilot, qui mourut le 15 juin 1809 ;
Overman ;
Huys de Thy ;
Desferrières ;
Passy ;
Knyff (de) ;
Baesen ;
Barthélemy ;
Caels ;
d'Annecroix ;
de Chasteler ;

Engler;
Mosselman père;
Thysebaert (de).

Dindal ayant cessé de fréquenter le Conseil et six autres places étant devenues vacantes, un arrêté impérial daté du camp de Burgos, le 23 novembre 1808, nomma conseillers :

Vanderborght fils (Jean-Henri), négociant;
Pollart de Canivris (Philippe-Albert), ancien échevin;
De La Serna (Charles), bibliothécaire de la bibliothèque publique;
Van Volden (Joseph), maire de Strythem;
Van Reynegom (Guillaume, baron);
Ducpétiaux (Antoine) et
Meeus (Henri-Joseph), ces deux derniers fabricants de dentelles.

Van Volden ayant refusé les fonctions qui lui étaient offertes, **de Chasteler** ayant envoyé sa démission (24 mai 1810) et quatre autres places étant devenues vacantes par suite de décès, un décret porté à Saint-Cloud, le 16 août 1811, nomma six nouveaux conseillers :

Bosschaert (Guillaume);
de Roose (Charles, comte);
Beaufort (le colonel);
De La Vieilleuze (Pierre-Joseph), membre du Conseil d'arrondissement;
de Waha (Jacques) et
de Poederlé d'Hierle (Charles).

D'Otrenge ayant cessé de fréquenter le Conseil, **Le Comartin** ayant fait faillite, **de Thysebaert**, **De La Vieilleuze** et **de Waha** étant devenus adjoints, et **Barthélemy** étant entré au Conseil des hospices, plusieurs places restèrent vacantes.

1814-1815.

Maire : **Vanderlinden d'Hooghvorst** (Joseph, baron), nommé le 25 février 1814, par le gouverneur général de la Belgique au nom des puissances alliées, en remplacement de **d'Ursel,** qui avait donné sa démission le 18 du même mois.

Adjoints : Les mêmes, sauf :

1° **De La Vieilleuze,** qui fut nommé sous-intendant du Département; **de Lalaing** (le comte), nommé pour lui succéder par le baron de Horst, gouverneur général de la Belgique, le 3 avril 1814, n'accepte pas;

2° **De Neck,** qui donne sa démission.

Conseillers : On signale les mutations suivantes :

Beaufort (le colonel), qui donne sa démission le 8 juin 1814;

Roose (le comte Charles de), qui se démet de ses fonctions le 3 janvier 1815;

Caels, qui donne sa démission en avril 1816.

Un arrêté royal, du 25 mars 1815, nomma conseillers :

De Man (Joseph);
Robiano (le comte de);
Mus père (Martin-Joseph), brasseur;
Burbure (P.-M.-G. de);
Sécus (le baron F. de);
Spangen (François-Louis-Amauri, comte de);
De Liagre (Charles-J.);
Stroupper ou **De Strooper** (Jean-François);
Vander Elst (Pierre-Joseph);
Gauchez (Augustin);
T'Kint, qui n'accepte pas, et
Baudier (messire Charles-Joseph).

1816.

Commission municipale instituée par l'arrêté royal du 8 mars, qui accepta la démission du baron **d'Hooghvorst** :

Devos de Cauwenberg (Louis);
Thysebaert (Auguste de);
De Man (Joseph) et
Knyff de Gontreuil (Pierre de).

Lorsque le baron **d'Hooghvorst** se retira, le Conseil municipal lui vota une médaille d'honneur du prix de 643 francs et fit don aux trois *adjoints* et au *secrétaire* **Malaise,** cadet, des épées qu'ils portaient comme insignes de leurs fonctions.

1817.

Magistrats communaux nommés par arrêté royal le 23 juillet.

Bourgmestre : **Vanderfosse** (messire Hyacinthe-Charles-Guillaume-Ghislain, chevalier); nommé gouverneur de la Flandre occidentale le 21 décembre 1820, il fut remplacé, e 15 janvier 1821, par **Wellens de Ten-Meulenberg** (messire Louis-Paul-Antoine de), membre du Conseil.

Echevins : **Devos de Cauwenberg** (Louis-François-Joseph, baron);
Kockaert (Jean-Baptiste), avocat, ancien conseiller de Brabant);
Van Gameren père (Jacques-Gabriel-Joseph), membre de l'administration des hospices;
de Knyff de Gontroeuil (messire Pierre-Michel-Charles), membre du précédent Conseil;
Pollaert de Canivris (messire Philippe-Antoine-Albert-Joseph), ancien échevin;
Greendell (Henri **Greindl** ou), membre de l'administration des hospices.

Kockaert et **Pollaert** ayant refusé les fonctions d'*échevins*, furent remplacés, le 24 septembre 1817, par **Lefebvre** (Ignace-Jean-Baptiste), jurisconsulte, et **Huysman de Neufcour** (messire Joseph), membres du Conseil.

Conseil de régence :
Anneet père (Jacques), fabricant,
Basse (Frédéric), fabricant,

Baesen (messire Gabriel),
Barthélemy, membres du précédent Conseil, ainsi que le suivant;
Baudier, meurt le 12 octobre 1823;
Becquet, négociant, refuse, est remplacé par **Lefebvre** (arrêté du 24 septembre 1817);
Claessens-Moris (Jean-Baptiste), négociant;
Cornet de Ways-Ruart (le comte);
de **Brandner** (Charles-Alexandre), docteur en médecine;
de **Freins** (messire Fortuné-Joseph-Jean), membre de l'administration des hospices;
de **Strooper**, membre du précédent Conseil;
De Page, membre de l'administration des hospices;
Ducpétiaux, membre du précédent Conseil;
Dupré (Pierre-Joseph), notaire;
De Vleshoudere (Chrétien), avocat;
Devos,
D'Otrenge, membres du précédent Conseil;
Greindl;
Goffin fils, négociant;
Hennessy (Daniel-Patrice-Joseph), négociant;
Huysman de Neufcour;
Huys de Thy (le baron),
de **Knyff de Gontroeuil** (messire), tous deux membres du précédent Conseil;
Kockaert;
Malingreau d'Hembize (Charles-Florent-Joseph, baron de);
Mus père;
Overman (Henri-Jacques), banquier;
Pollart de Canivris;
Rahlenbeeck (Chrétien-Guillaume), négociant;
Spangen (comte de),

Thysebaert (Auguste-Joseph, baron de), tous deux membres du précédent Conseil ; le second meurt le 27 octobre 1822 ;

Vanderfosse (le chevalier) ;

Van Gameren père ;

Van Reynegom (Guillaume-Jean-Joseph-Ghislain, baron), meurt le 15 mars 1821 ;

Van der Elst (Pierre-Joseph), membre du précédent Conseil ;

Wellens (de).

Le même arrêté nomma :

Secrétaire : **Cuylen** (Pierre-Ferdinand-Emmanuel) ;
Receveur : **Vauthier** (Antoine-Victor).

1820.

(Renouvellement, par tiers, de l'Administration communale.)

Echevins (arrêté royal du 6 décembre 1819) :

Huysman de Neufcour,
Lefebvre.

Conseillers (élus par le collège électoral, le 4 novembre 1819) :

de Wellens;
Overman, meurt le 1er décembre 1820;
Anneet père,
Kockaert, membres sortants;
Delvaux de Saive (Laurent-Joseph), président du tribunal de commerce;
De Strooper, membre sortant;
Bortier (Pierre-Louis);
Barthélemy,
De Vleeshoudere, membres sortants, et
Van Volxem (Jean-Baptiste).

1822.

(Second renouvellement, par tiers.)

Echevins (arrêté royal du 29 mars 1822) :

de Freins et
De Vleshoudere.

Le premier n'ayant pas accepté, le Roi le remplaça, le 26 mai 1822, par **Delvaux de Saive**.

Conseillers (élus le 13 novembre 1821) :

de Spangen, membre sortant ;
Zegers T'Kint (Jean-Théodore),
Pollart de Canivris,
de Brandner,
Basse, membres sortants ;
Mathieu (Josse) ;
Claessens-Moris,
Dupré,
Baudier,
D'Otrenge, membres sortants ;
Sécus père (François-Marie-Joseph-Hubert. baron de) ;
Bourgeois (Balthazar) ;
Viron père (Jean-Bernard) ;
Haegemans (Josse) ;
Deliagre (Charles-Joseph).

Un arrêté royal du 20 mars 1822 annula la nomination de **de Sécus**, par la raison qu'il était domicilié en Hainaut.

1824-1830.

Administration communale nommée par arrêté royal du 10 février 1824.

Bourgmestre : **De Wellens.**

Echevins : **De Vos** (baron); sa démission est acceptée le 22 juillet 1825;

Van Gameren,

Lefebvre (tous deux sont continués dans leurs fonctions par arrêté royal du 25 décembre 1826); **Lefebvre** meurt le 22 mai 1827;

Huysman de Neufcour, continué dans ses fonctions par arrêté royal du 27 décembre 1828;

De Vleshoudere, nommé échevin honoraire le 6 mars 1828 et remplacé, comme échevin effectif, par **Hennessy;**

Delvaux de Saive, continué dans ses fonctions en même temps que **Huysman;**

Conseillers : **De Wellens** ;

De Vos (baron), démissionnaire en 1825; remplacé, le 8 octobre de cette année, par **Van Volden de Lombeek** (le baron Joseph-Marie-Hyacinthe), élu par le collège électoral;

Van Gameren;

Lefebvre, meurt en 1827; remplacé, le 6 octobre, par **Stevens** (Pierre-Joseph), avocat;

Huysman de Neufcour, maire d'Herffelingen, où il obtient dispense de résider (19 mars 1825);

De Vleshoudere;
Delvaux de Saive;
Malingreau d'Hembize (le baron de);
Spangen (le comte de), meurt le 10 avril 1826; remplacé, le 5 octobre suivant, par **Cattoir** (Henri):
Hennessy;
Rahlenbeeck;
Kockaert;
Basse;
de Freins;
Baesen;
Pollaert de Canivris, meurt le 5 septembre 1828; remplacé, le 4 octobre, par **Vandenvenne d'Ophem et de Montenaken** (le baron Philippe-Marie-Jean-Baptiste);
de Brandner;
Claessens-Moris, mort à La Haye le 22 novembre 1829;
Barthélemy, receveur des hospices, fonction pour laquelle il obtient une dispense, le 19 avril 1824;
Bortier, mort à Londres le 29 mai 1830,
Bourgeois, membres du Conseil précédent;
Van Hooghten (J.-G.), président de la Haute-Cour;
Joly (J.-F.);
Dupré;
d'Otrenge;
Viron, maire de Dilbeek;
de Strooper,
Vander Elst,
Hagemans,
Mathieu, membres du précédent Conseil.

1830.

Commission de Sûreté, nommée par le Conseil de Régence, le 9 septembre 1830.

Rouppe, ancien maire de Bruxelles;
Ursel (le duc d'), id.;
Gendebien (Alexandre-Joseph-Sébastien), avocat;
Ligne (Eugène-Lamoral, prince de);
Sécus (Frédéric de), n'accepte pas; remplacé, le 14 septembre, par **Vilain XIIII** (le comte);
Van de Weyer (Sylvain), conservateur de la bibliothèque publique;
Mérode (Félix, comte de);
Meeus (Ferdinand).

Commission administrative provisoire, nommée, le 9 octobre 1830, par le gouverneur de la province Van Meenen :

Dupré, notaire;
Glibert (Jean-François);
Hagemans père, banquier;
De Gamond, avoué;
Marcq (Guillaume-Joseph), membre du conseil général des hospices;
Palmaert père, négociant.

Élection du 22 octobre 1830.

Bourgmestre : **Rouppe**.

Echevins : **De Munck** aîné (François-Jacques) ;
Van Volxem fils (Guillaume-Hippolyte), avocat;
Viron fils (de),
Huysman de Neufcour; ces deux derniers n'acceptent pas, sont remplacés par **Marcq** (Guillaume-Joseph) et **Van Gaver** (Guillaume-Louis), négociant, élus le 27 décembre 1830.

Conseillers: **Kockaert**, premier président de la Cour supérieure de justice, meurt le 20 décembre 1830;
Bourgeois;
Hagemans père;
Barthélemy, meurt le 10 novembre 1832;
Beyts (le baron François-Joseph), meurt le 15 février 1832;
Barbanson fils (Pierre), avocat;
Engler (Jacques), banquier;
Sécus fils (de);
Dupré;
Gendebien;
Van Volden de Lombeek (le baron), meurt le 26 janvier 1836;
Hooghvorst (le baron d'), ancien *maire;*
Glibert (Jean-François);
Huysman d'Annecroix, démissionnaire le 8 août 1834;
Dansaert-Engels (Jean-Baptiste), meurt le 23 août 1832;

Marcq;
Meeus (Ferdinand);
Cornet de Grez (le comte), démissionnaire le 28 août 1834;
Van Meenen (Pierre-François);
Michiels (François), colonel de la garde civique;
Vanderelst (François-Emile), négociant;
Coghen (Jacques-André), négociant;
Trazegnies (le marquis de), démissionnaire en 1834;
Navez (François-Joseph), peintre;
Froidmont (Henri-Joseph), médecin.

Secrétaires nommés le 13 novembre 1830, pour remplacer M. **Cuylen**, dont la révocation avait été prononcée, le 10, par le Gouvernement provisoire :

Zanna (Charles-Albert-Joseph) et
Waefelaer (Gérard).

M. **Zanna** ayant été nommé directeur de la Banque foncière, donna sa démission le 27 août 1835; **Waefelaer** est déclaré seul *secrétaire* de la ville, le 3 septembre suivant; il resta en fonctions jusqu'à sa mort, arrivée le 28 août 1861.

Receveur nommé le 18 janvier 1831 :

Vauthier (Antoine-Victor), qui était en fonctions depuis 1811, est continué dans l'emploi de *receveur;* il donna sa démission en décembre 1844.

1834.

Conseillers élus, le 18 septembre, pour compléter le Conseil :

Annemans (Pierre), négociant et armateur;
Mastraeten (Pierre-Joseph), ancien receveur;
Bosquet (Gustave), procureur du roi;
Schumacher (Henri-Georges), négociant;
Verhulst-Van Hoegaerden (Nicolas-Joseph), ancien négociant;
Thienpont (Antoine-Jacques-Joseph),
Heyvaert-Pauwels (Pierre-Joseph), négociants;
Fierlants (Nicolas), avoué;
Brinck (Charles-Jean).

Suppléants : **Mettenius** (J.-G.);
Goffin (Édouard);
Vander Maelen (Philippe);
Vande Venne (baron);
Mathieu-Vanden Berghen;
De Hemptinne;
Fortamps;
Van Gelder (Louis) et
Everard Goffin.

1836.

(RENOUVELLEMENT INTÉGRAL A LA SUITE DE LA PROMULGATION DE LA LOI COMMUNALE.)

CONSEIL (ÉLECTION DU 14 JUILLET).

Rouppe;
De Munck;
Annemans;
Schumacher;
Verhulst-Van Hoegaerden;
Van Volxem;
Navez, nommé, le 12 janvier 1837, directeur de l'Académie des Beaux-Arts;
Coghen;
Gendebien;
Fierlants;
Marcq;
Van Gaver;
Engler;
Mettenius (Jean-Guillaume), banquier;
Barbanson;
Glibert;
Defacqz (Eugène), avocat général, puis conseiller à la Cour de cassation;
Mastraeten;
Michiels;
Froidmont;
Doucet (Louis-Isidore), négociant;
Meeus;

Brinckx ;
Wyns de Rancour (François-Jean, chevalier) ;
Heyvaert-Pauwels ;
Dansaert (Chrétien-Louis) ;
Vanderelst fils aîné ;
Bourgeois ;
Hooghvorst (le baron d') ;
De Page ;
Thienpont.

COLLÈGE DES BOURGMESTRE ET ÉCHEVINS

(arrêté royal du 19 août).

Bourgmestre : **Rouppe**.
Echevins : **De Munck**,
Verhulst-Van Hoegaerden,
Van Volxem et
Marcq.

Tous les conseillers donnent leur démission, les 14 et 15 mai 1838.

1838.

CONSEIL (ÉLECTION DU 31 MAI).

Verhulst-Van Hoegaerden;
Wyns de Rancour;
Bourgeois;
Heyvaert-Pauwels;
Annemans, élu, le 10 juillet 1838, membre de la Députation permanente du Conseil provincial, se retire le 2 août de la même année;
Froidmont;
Hooghvorst (d'), démissionnaire le 19 mai 1840;
Mettenius;
Engler, démissionnaire le 13 octobre 1840;
Mastraeten;
Van Volxem;
De Page;
Dansaert, meurt le 28 août 1840;
Coghen (le comte), démissionnaire le 15 octobre 1840;
De Munck;
Fierlants, meurt le 19 mars 1839;
Doucet;
Meeus, démissionnaire le 14 octobre 1840;
Schumacher;
Rouppe, meurt le 3 août 1838;
Gendebien, démissionnaire le 19 mars 1839;
Barbanson, démissionnaire le 22 juin 1840;

Vanderelst,
Van Gaver,
Glibert,
Defacqz,
Marcq,
Thienpont,
Michiels, tous membres sortants ;
Stevens (Jean-Baptiste-Isidore), avocat, remplaçant **Navez** ;
Anspach (François), remplaçant **Brinckx**, décédé.

COLLÈGE.

Les mêmes, provisoirement :

Rouppe, meurt le 3 août 1838, remplacé d'abord par **Demunck** ; puis, à partir du 13 septembre de la même année, par **Van Volxem**.

1841.

CONSEIL

(ÉLECTION D'UNE MOITIÉ, LES 29 ET 30 OCTOBRE 1840).

Verhulst-Van Hoegaerden;

Heyvaert, démissionnaire le 31 décembre 1844, remplacé, le 8 février 1845, par **Ranwet** (Louis-Pierre-Joseph), conseiller à la Cour d'appel;

Mettenius, démissionnaire le 13 octobre 1845;

Gendebien;

Anspach;

Partoes (Henri-Louis-François), architecte du conseil des hospices, démissionnaire le 30 mai 1845;

Van Volxem;

De Munck;

De Cuyper, avocat général à la Cour de cassation, cesse de faire partie du Conseil lorsqu'il va habiter Saint-Josse-ten-Noode (le 3 octobre 1842);

Evrard-Goffin (François-Joseph);

De La Coste (Edmond-Charles-Ghislain);

Baillet (Ferdinand, comte de);

De Hemptinne (Augustin-Donat), pharmacien, membre de l'Académie des sciences de Bruxelles;

Orts (Louis-Joseph), avocat;

Thienpont;

Boëtz d'Hamer (Henri-Ferdinand-Joseph);

Ursel (le duc d').

L'élection de **De La Coste, de Baillet** et **d'Ursel** ayant été annulée parce qu'ils n'avaient plus leur domicile à Bruxelles, ils furent remplacés, le 3 décembre, par :

Stassart (Gosuin-Joseph-Auguste, baron de), membre de l'Académie, démissionnaire le 8 octobre 1845 ;
Huysman d'Annecroix, démissionnaire les 24 septembre et 27 décembre 1845 ;
De Doncker (Édouard-Nicolas-Joseph), notaire.

COLLÈGE

(Arrêté royal du 21 décembre.)

Bourgmestre : **Van Volxem,** nommé ministre de la justice, est remplacé, le 15 juin 1841, par **Wyns de Raucour** (le chevalier).

Echevins : **Verhulst-Van Hoegaerden;**
Wyns, devient *bourgmestre;* est remplacé, le 29 juillet 1841, par **Orts;**
Doucet;
Evrard-Goffin.

1843.

CONSEIL (Élection d'une moitié, le 25 octobre 1842).

Bourgeois,
Vanderelst,
Wyns,
Fontainas (André-Napoléon), avocat; tous quatre pour la première section électorale;
Michiels,
Froidmont,
Defacqz, démissionnaire le 11 novembre 1846; remplacé, le 9 mars 1847, par **Van Meenen**, président de chambre à la Cour de cassation, ancien membre du Conseil;
Doucet, tous quatre pour la deuxième section électorale;
Van Gaver,
Marcq, démissionnaire le 3 août 1848; meurt le 24;
Stevens, meurt le 31 décembre 1845, remplacé, le 5 février 1846, par **Van Doornick** (Théodore-Édouard), négociant;
De Page, tous quatre pour la troisième section électorale;
Schumacher,
Glibert, meurt le 1er janvier 1847; remplacé par **De Brouckere** (Charles), ancien ministre, le 9 mars 1847;
Mastraeten et
Cans (Daniel-Hyacinthe-Léon), tous quatre pour la quatrième section électorale.

COLLÈGE.

Un arrêté royal, du 28 décembre 1842, continue dans leurs fonctions :

Wyns, *bourgmestre ;*
Doucet et
Orts, *échevins.*

Le 14 décembre 1844, le *receveur de la ville* **Vauthier** (Antoine-Victor), démissionnaire, est remplacé par son fils, Auguste-François **Vauthier,** qui fut pensionné le 20 janvier 1873.

1846.

CONSEIL (Élection d'une moitié, le 28 octobre 1845).

Orts;
Vanderlinden (Jean-Baptiste-Ghislain), notaire;
Blaes (Auguste-Michel), ancien rédacteur de *l'Observateur*;
Ducpétiaux (Édouard), inspecteur général des prisons, démissionnaire le 20 août 1848; tous quatre pour la première section électorale;
Ranwet,
Boëtz d'Hamer,
De Vadder (François), brasseur et distillateur;
Trumper (André-Dieudonné), médecin; tous quatre pour la deuxième section électorale;
Verhulst-Van Hoegaerden,
Thienpont, démissionnaire le 10 août 1848;
De Doncker,
Bartels (Jules-Théodore), avocat; tous quatre pour la troisième section électorale;
Gendebien,
De Hemptinne,
Anspach; ces trois, pour la quatrième section électorale.

COLLÈGE.

Deux arrêtés royaux, du 23 janvier 1846, maintiennent dans leurs fonctions d'*échevin* **Verhulst-Van Hoegaerden** et **Orts**, et leur donnent pour collègue **Fontainas**, en remplacement d'**Evrard-Goffin**.

1848.

CONSEIL (Élection pour le renouvellement intégral, le 22 aout 1848).

Fontainas;
De Hemptinne;
Verhulst-Van Hoegaerden, meurt le 21 septembre 1854;
Blaes;
De Page;
Ranwet;
Van Gaver, meurt le 12 juin 1853; remplacé, le 29 mai 1854, par **Depaire** (Jean-Baptiste), pharmacien;
Mastraeten, meurt le 4 mai 1854; remplacé, le 29 du même mois, par **Veldekens** (Ferdinand-Josse), négociant;
Capouillet (Charles-Henri-Alexis), négociant;
Vanderlinden;
Michiels;
Van Doornick, démissionnaire; remplacé, le 28 octobre 1851, par **Dubois** (Louis-Joseph-Félix), examinateur permanent à l'école militaire; démissionnaire, remplacé, le 29 mai 1854, par **Lavallée** (Henri-Édouard), avocat;
De Meure (Jean-Jacques-Charles), négociant;
De Vadder;
Trumper;
Cattoir (Albert-Marie), négociant;
De Doncker;
Orts;
Dansaert (Ferdinand-François), négociant;

Seghers-Coume (Jacques), maître maçon ;
Kaieman (Désiré), conseiller à la Cour d'appel ;
Froidmont ;
Van Humbeeck (Corneille-Jacques-Joseph), banquier ;
Vandermeeren (Henri-Joseph), major dans la garde civique ;
Verstraeten-Demeurs (Philippe-Joseph), courtier ;
Mersman (Jean), avocat ;
Bischoffsheim (Jonathan-Raphaël), administrateur de la Banque de Belgique ;
De Brouckere ;
Mosselman (Édouard), négociant ; démissionnaire le 26 octobre 1849, remplacé par **Bartels**, ancien membre du Conseil, le 19 novembre suivant ;
Doucet ;
Watteeu (Joseph-Alexandre), avocat.

COLLÈGE

(Arrêté royal du 30 septembre 1848).

Bourgmestre : **De Brouckere.**
Échevins : **Fontainas,**
Verhulst-Van Hoegaerden, meurt le 21 septembre 1854 ;
Blaes et
Orts.

1852.

CONSEIL (ÉLECTION D'UNE MOITIÉ, LE 28 OCTOBRE 1851).

Bartels, meurt le 30 octobre 1855 ; remplacé, le 8 janvier 1856, par **Tielemans** (Jean-François), conseiller à la Cour d'appel ;

De Vadder ;

Blaes, meurt ; remplacé, le 8 janvier 1856, par **Goffart** (Hector), architecte ;

Orts, meurt le 7 février 1856, remplacé, le 11 mars suivant, par **Brugman** (Ernest), banquier ;

De Hemptinne, meurt le 5 janvier 1854, remplacé, le 29 mai 1854, par **Cappellemans** aîné (Jean-Baptiste), négociant ;

De Page ;

Kaieman, meurt le 2 mai 1857 ;

Vandermeeren ;

Mersman, démissionnaire le 13 mai 1854, remplacé, le 29 du même mois, par **Spaak** (Louis), architecte ;

Jacobs (Jacques), négociant ;

Watteeu ;

Vanderlinden ;

Otlet-Dupont (Joseph), négociant ;

Walter (Victor-Auguste-Joseph) ;

Sachman (Antoine), membre du conseil des hospices, meurt le 31 décembre 1854, remplacé par **Maskens** (Louis), membre du même conseil, le 26 mars 1855.

COLLÈGE.

Un arrêté royal, du 15 décembre 1851, continua dans leurs fonctions **Blaes** et **Orts**.

1855.

CONSEIL (Élection d'une moitié, le 31 octobre 1854).

Fontainas;
Depaire;
Demeure;
Lavallée;
Ranwet;
Cattoir;
Van Humbeeck, meurt le 7 janvier 1856; remplacé, le 11 mars suivant, par **Orts** (Auguste), membre de la Chambre des représentants, fils de l'ancien *échevin* et *conseiller* du même nom;
Verstraeten-Demeurs;
Veldekens;
Hauwaerts (Charles-Ghislain), brasseur;
Bischoffsheim;
De Brouckere;
Trumper;
De Doncker;
Delloye-Thiberghien (Jules), banquier, et
Riche (Léopold-Emmanuel), brasseur.

COLLÈGE.

Un arrêté royal, du 26 décembre 1854, continue dans leurs fonctions **De Brouckere**, *bourgmestre*, et **Fontainas**, *échevin*, et nomme *échevin* **De Doncker**, en remplacement de **Verhulst**, décédé.

A la mort de l'échevin **Blaes**, arrivée le 2 décembre 1855, **Lavallée** est nommé pour lui succéder, le 27 suivant.

Le 22 avril 1856, **Walter** remplace **Orts** père, décédé, et, le 12 juillet suivant, **Jacobs** est appelé à remplir la place de cinquième échevin, créée par la loi du 6 juin précédent.

1858.

CONSEIL (Élection d'une moitié, le 27 octobre 1857).

De Page ;
Vanderlinden ;
Cappellemans ;
Tielemans ;
Vandermeeren ;
Watteeu ;
Walter ;
Goffart ;
De Vadder ;
Jacobs ;
Maskens ;
Goblet d'Alviella (comte Albert-Joseph), donne sa démission le 13 octobre 1860 ; remplacé par **Leclercq** (Alphonse), avocat, le 17 juin 1861 ;
De Villers (Pierre-Napoléon), professeur à l'école militaire, meurt le 11 mai 1861 ;
Van Cutsem (Jacques-Adolphe), hôtelier ;
Anspach (Jules-Victor), avocat.

COLLÈGE.

Le *bourgmestre* **De Brouckere** étant mort le 20 avril 1860, est remplacé par l'*échevin* **Fontainas**.

Les *échevins* **Lavallée** et **Jacobs**, continués dans leurs fonctions le 31 décembre 1857, donnent leur démission, le premier le 31 octobre, le second le 31 décembre 1860.

L'*échevin* **Walter** donne sa démission en décembre 1857, est remplacé, le 27 du même mois, par **Anspach**.

L'*échevin* **De Doncker** meurt le 16 mai 1860.

1861.

CONSEIL (Élection d'une moitié, le 30 octobre 1860).

Fontainas, meurt le 19 juillet 1863;
Demeure, décédé le 1er juillet 1865; remplacé par **Splingard** (François), ingénieur, le 17 octobre 1865;
Cattoir;
Ranwet;
Depaire;
Hauwaerts;
Riche, donne sa démission; remplacé le 17 juin 1861, par **Funck** (Jean-Michel-Ghjslain), avocat;
Veldekens;
Bischoffsheim;
Orts;
Fischer (Firmin);
Capouillet (Pierre-Marie), ancien fabricant;
Couteaux (Jean-Lambert-Gustave), banquier;
Hochsteyn (Adolphe), directeur des postes;
Lemaïeur (Charles-Henri), négociant;
Waedemon (Pierre);
Lacroix (Jean-Baptiste-Albert), éditeur.

COLLÈGE.

(Arrêté royal du 27 décembre 1860.)

Bourgmestre: **Fontainas**;
Échevins : **Anspach**;
Vanderlinden;
Watteeu;

Riche, donne sa démission (arrêté royal du 20 mars 1861); remplacé, par **De Vadder** (François), le 5 février 1862;

Vandermeeren.

Tous les *conseillers* donnent leur démission le 10 juillet, à la suite d'un dissentiment avec le Gouvernement au sujet de la conclusion d'un emprunt; ils sont réélus le 1er août suivant.

Le 7 octobre 1861, **Lacomblé** (Adolphe) remplace **Waefelaer** (Gérard), *secrétaire* de la ville, mort le 28 août de la même année; il donne sa démission le 31 mars 1881.

1864.

CONSEIL.

(Élections d'une moitié, les 26-27 octobre 1863.)

Fontainas (Charles-Jean), avocat, élu le 26, en remplacement de son père, le bourgmestre.

Le jour suivant furent élus :

Vandermeeren;
De Vadder;
Cappellemans;
Walter;
Leclercq;
Tielemans;
Godefroy (Pierre-Joseph), industriel;
Jacobs;
Maskens;
Goffart;
Watteeu;
Anspach;
De Roubaix (Louis-François-Joseph), médecin;
Mersman (Jean), avocat;
Lacroix, qui donne sa démission en 1869.

COLLÈGE.

(Arrêté royal du 15 décembre 1863.)

Bourgmestre : **Anspach**;
Echevins : **Goffart** et
Funck.

1867.

CONSEIL (Élection d'une moitié, le 30 octobre 1866).

Cattoir;
Splingard;
Fontainas;
Funck;
Orts;
Hauwaerts, mort le 25 avril 1871; remplacé par **Dekeyser** (François-Jean), les 20-21 juin suivants;
Depaire;
Ranwet, mort le 20 février 1869; remplacé par **Trappeniers** (Antoine), architecte, le 26 octobre 1870;
Lemaïeur;
Capouillet;
Bischoffsheim;
Hochsteyn;
Veldekens;
Couteaux;
Waedemon;
Weber (Henri).

COLLÈGE.

Un arrêté royal, du 17 décembre 1866, continue dans leurs fonctions le *bourgmestre* **Anspach** et les *échevins* **Goffart** et **Funck**.

1870.

CONSEIL (Élection d'une moitié, le 26 octobre 1869).

Vandermeeren, meurt le 26 janvier 1871; remplacé par **Becquet** (Émile-Pierre-Joseph), brasseur;

Godefroy;

Tielemans;

De Roubaix, démissionnaire le 24 février 1872;

Jacobs;

Walter;

Maskens, démissionnaire le 17 avril 1871; remplacé par **Allard** (Ernest), avocat, les 20-21 juin suivants;

Leclercq;

Anspach;

Durant (Jean-Adolphe-Hippolyte), juge de paix;

Jottrand (Gustave), avocat, démissionnaire le 17 avril 1871; remplacé, les 20-21 juin suivants, par **Demeure** (Emmanuel-Jean-Baptiste-Henri), conseiller, puis président à la Cour d'appel;

Bochart (Ignace-Eugène), homme de lettres;

Christiaens (Joseph), couvreur;

Walravens (Alexandre-Constant-Ghislain);

Gisler (Édouard).

COLLÈGE.

(Arrêté royal en date du 1er décembre 1869.)

Bourgmestre: **Anspach.**

Échevins : **Vandermeeren**, meurt; remplacé par **Couteaux**, le 1er février 1871;
Funck ;
Orts ;
Lemaïeur ;
Fontainas.

1872.

CONSEIL (Élection du 1er juillet 1872, a la suite de la loi du 28 mars précédent).

Couteaux, meurt le 26 août 1873 ; remplacé par **Delecosse** (Hippolyte), médecin, le 18 novembre suivant ;

Cattoir, meurt le 26 mars 1873 ; remplacé, le 18 novembre suivant, par **Bauffe** (Adolphe), négociant ;

Demeure ;

Orts ;

Allard ;

Trappeniers ;

Godefroy ;

Depaire ;

Tielemans, démissionnaire le 16 avril 1877 ; remplacé, le 28 juin suivant, par **Doucet** (Pierre-Henri), membre du Conseil des hospices, fils de l'ancien *échevin* et *conseiller* de ce nom ;

Bischoffsheim ;

Dekeyser ;

Becquet ;

Jacobs, meurt le 7 janvier 1876 ; remplacé, le 28 juin 1877, par **Vauthier** (Alfred-Antoine-Marie), fils du second receveur de la Ville de ce nom ;

Leclercq, démissionnaire en septembre 1873 ; remplacé, le 18 novembre suivant, par **Gheude** (Désiré-Pierre), notaire ;

Durant ;

Funck ;

Fontainas, donne sa démission le 10 mai 1875;
Walter;
Walravens;
Pigeolet (Arsène-Victor), docteur-médecin;
Lemaïeur, meurt le 8 avril 1877;
Capouillet;
Vanderstraeten (Félix);
Hochsteyn;
Mommaerts (Léonard-Eugène), agent de change;
Weber;
Anspach;
de L'Eau (Ferdinand-Joseph), avocat;
Veldekens;
Waedemon, démissionnaire le 22 octobre 1878;
Schmidt (Louis-Albert), négociant.

COLLÈGE.

(Constitué par arrêté royal du 19 août 1872.)

Bourgmestre : **Anspach**.
Echevins : **Funck**;
Orts, démissionnaire le 27 novembre 1873; remplacé par **Mommaerts** (arrêté royal du 4 décembre suivant);
Lemaïeur, décédé le 8 avril 1877;
Fontainas, démissionnaire le 10 avril 1874; remplacé, le 22 du même mois, par **Dekeyser**;
Couteaux, meurt le 26 août 1873; remplacé, le 3 septembre suivant, par **Vanderstraeten**.

Le 20 janvier 1873, **Vauthier**, *receveur* de la ville, démissionnaire, est remplacé par **Doncker** (Ernest-Philippe-Joseph), qui donne sa démission en novembre 1881.

1876.

CONSEIL (Élection d'une moitié, le 26 octobre 1875).

Allard, mort le 7 août 1878;
Delecosse;
Guillery (Hippolyte);
Orts, meurt le 6 novembre 1880; remplacé, le 28 mars 1881, par **Van der Plassche** (Edouard), avocat;
de L'Eau;
Bauffe;
Trappeniers;
Beyaert (Henri), architecte;
Depaire;
Becquet;
Funck, meurt le 8 avril 1877; remplacé, le 27 juin suivant, par **Buls** (Charles-François-Gommaire);
Walter, meurt le 29 juin 1878;
Mommaerts;
Hochsteyn;
Vanderstraeten, donne sa démission le 21 janvier 1881; remplacé par **De Cannaert d'Hamale** (Ferdinand), le 28 mars suivant.

COLLÈGE.

Un arrêté royal, du 6 décembre 1875, continua dans leurs fonctions les *échevins* **Funck, Mommaerts** et **Vanderstraeten**.

L'*échevin* **Funck**, mort le 8 avril 1877, est remplacé provisoirement par **Allard**, mort le 7 août 1878.

1879.

CONSEIL (ÉLECTION D'UNE MOITIÉ, LE 29 OCTOBRE 1878).

1re SÉRIE.

Pilloy (Louis-Léon-Joseph) ;
Waedemon.

2e SÉRIE.

Bischoffsheim, mort le 5 février 1883 ;
Allard (Gustave-Edouard-Alfred), frère de l'*échevin* et *conseiller* récemment décédé ;
Godefroy ;
Anspach, meurt le 19 mai 1879 ; remplacé par **Dustin** (Pierre-Joseph), ancien négociant. Celui-ci donne sa démission le 16 août 1883, après sa nomination en qualité de membre de la Députation permanente du Conseil provincial du Brabant ;
Demeure ;
Gheude ;
Dekeyser, meurt le 5 septembre 1879, remplacé par **Richald** (Louis), ancien négociant, le 13 novembre suivant ;
Doucet ;
Pigeolet ;
Veldekens, mort le 23 avril 1883 ;
Durant ;
Walravens ;
Vauthier ;
André (Émile-Laurent-Alexandre), avocat ;
Weber ;
Yseux (Émile-Ghislain-Joseph), médecin.

COLLÈGE.

Le 13 février, **Vauthier** et **Buls** sont nommés *échevins*, en remplacement : le premier de **Lemaïeur**, le second de **Funck**; **Vauthier** donne sa démission, qui est acceptée le 14 février 1881.

Le 18 juillet 1879, le Roi nomme :

1° *Bourgmestre :* **Vanderstraeten**, en remplacement d'**Anspach**. Un arrêté royal du 14 février 1881 accepte sa démission.

2° *Échevins :* **de L'Eau**, en remplacement de **Vanderstraeten**, devenu *bourgmestre*, et
Delecosse, en remplacement de **Mommaerts**, démissionnaire.

Le 17 décembre 1879, **Trappeniers** remplace l'*échevin* **Dekeyser**; il donne sa démission, qui est acceptée le 14 février 1881.

Le 1er avril 1881, le *secrétaire* de la ville **Lacomblé** est remplacé par **Dwelshauvers** (Alfred).

Le 21 novembre 1881, **Germain** (Albert) remplace le *receveur* de la ville **Doncker**, démissionnaire.

1882.

CONSEIL (Élection d'une moitié, le 25 octobre 1881).

Guillery;
de L'Eau;
De Mot (Émile), avocat;
Delecosse, meurt le 11 février 1882;
Depaire;
Finet (Théophile), ingénieur;
Becquet;
Pilloy;
De Potter (Arthur);
Buls;
Godineau (Victor-François-Antoine), médecin;
Janssen (Charles), avocat;
Kops (Florimond), médecin;
Steens (Louis), négociant;
Stoefs (Édouard), négociant.

COLLÈGE

(constitué par arrêté royal du 17 décembre 1881).

Bourgmestre : **Buls**.
Échevins : **de L'Eau**;
Delecosse, meurt; remplacé, le 7 mars 1882, par **Becquet**;
Walravens;
André;
De Mot.

TABLE ALPHABÉTIQUE

DES

MAGISTRATS ET FONCTIONNAIRES COMMUNAUX

CITÉS DANS LA LISTE QUI PRÉCÈDE

TABLE DES MATIÈRES

Pages.

www.ingramcontent.com/pod-product-compliance
Ingram Content Group UK Ltd.
Pitfield, Milton Keynes, MK11 3LW, UK
UKHW021201220726
13924UKWH00003B/1249

9 782019 918057